AF360133

LE MONASTÈRE

DES UNTERLINDEN

DE COLMAR

AU TREIZIÈME SIÈCLE

Par A. M. P. INGOLD.

Première Partie : Fondation. Regestes.

STRASBOURG
IMPRIMERIE STRASBOURGEOISE
anc^t R. Schultz & Cie.

PARIS
ALPH. PICARD & FILS
Rue Bonaparte, 82.

1896

Reverendissimo Patri F. Balme

Ordinis Praedicatorum

Amoris ergo

D. D.

A. M. P. Ingold.

LE MONASTÈRE DES UNTERLINDEN
AU TREIZIÈME SIÈCLE[1].

I. La Fondation.

Après le prieuré clunisien de Saint-Pierre, l'établissement religieux le plus ancien de Colmar paraît avoir été le célèbre monastère des Unterlinden[2].

Le récit de sa fondation nous a été conservé dans une sorte de chronique[3]; nous ne pouvons mieux faire que de la reproduire textuellement[4], en l'accompagnant de quelques notes.

De inchoatione et fundatione monasterii de sub Tilia in Columbaria.

Due honeste vidue satis nobiles et devote fuerunt in columbaria residentes. Quarum una dicebatur[5] de Mittelnheim. Alia[6] de herencheim[7]. Que inspirate divinitus ad consilium fratris Waltheri[8] lectoris fratrum predicatorum argentinensium cuius mentio habetur in vitas fratrum monasterium construere proponebant. Revelant igitur consilium suum vicinis viduis ut audiant quid loquantur. Plures[9] ex eis ex hoc multum gavise. Consiliis et auxiliis eos cum magna diligentia

---

1. Ce travail sur les Unterlinden au treizième siècle comprendra quatre divisions : la fondation, les regestes, les renseignements historiques fournis par les *Obituaires* et le *Livre des Vies ;* enfin, d'après tous ces documents, la liste des prieures.

2. Voir cependant Mossmann, *Les Établissements de bienfaisance à Colmar au treizième siècle* (*Revue d'Alsace,* 1856, p. 253) et Huot, *La commanderie de Saint-Jean à Colmar.*

3. Elle se trouve en tête de l'Obituaire des Unterlinden, Bibliothèque de la ville de Colmar, Ms. 576, qui paraît avoir été commencé vers le milieu du treizième siècle. Cette chronique a été recopiée en tête de l'Obituaire des Dominicains de Colmar (Ms. E 3 ¹ du f. des Dom. de Colmar, Archives départementales), manuscrit qui est un peu postérieur au premier.

Ce second manuscrit contient quelques variantes que nous indiquerons en note.

4. Ce récit a été publié par Dom Pitra, à la suite de sa *Lettre au P. Lacordaire sur les Unterlinden.* Mais, outre que son texte n'est pas entièrement exact, l'opuscule est si rare, que le récit en question peut passer pour inédit.

5. Agnes. (Obituaire des Dominicains.)

6. Agnes. (Ibid.)

7. Herenkeim. (Ibid.)

8. Sur ce célèbre dominicain cfr. Schmidt, *Notice sur les Dominicains de Strasbourg,* Bulletin de 1874—75, page 168.

9. Igitur. (Obituaire des Dominicains.)

promovebant. Predicte due vidue curias suas quas habebant in columbaria pro censu concesserunt. Ipse vero cum filiis et filiabus coniuncte. In suburbium ubi una earum domum et curiam habuerat in loco qui dicitur sub tilia se transferebant. In hoc loco non longo tempore resederunt. Quia due nobiles matrone se eis coniunxerunt. De quarum consilio suburbium reliquerunt et ad locum qui dicitur ufmulin[1] ad capellam sancti Johannis Baptiste se pariter transferebant in vigilia sancti Johannis Baptiste[2] anno domini. M. CC. XXX. II.[3] et erant numero octo. Eodem etiam anno dicte sorores induerunt habitum religiosum in festo sancti andree apostoli a predicto fratre Walthero lectore domus fratrum predicatorum argentinensium sub magistro Jordano[4]. In predicto autem loco edificaverunt continuo domos et dormitorium longum latum et altum de lapidibus. In quibus clause se religiosissime conservabant. Servos conduxerunt et ancillas. Agros suos et vineas coluerunt sicut antiqua claustra facere consueverunt. Clericum in expensis propriis habebant qui missam cottidie celebrabat. Anno autem domini M. CC. XXX. quarto translate fuerunt de fratribus argentinensibus ad fratres basilienses[5]. Anno vero domini. M. CC. XL. quinto obtinuerunt ordinem fratrum predicatorum in vigilia omnium sanctorum[6]. Anno autem domini M. CC. L. secundo[7] intraverunt civitatem columbariensem. Cause mutationis loci hec fuerunt. Milites vicini columbariensibus armati ad civitatem cottidie venerunt et eos preliis infestabant Unde cives coacti suburbium muro ciexerunt pariterque fossato et claustrum prenominatum sine defensione civium permanebat. Timebant enim sorores cives interiores et milites exteriores. Unde locum ufmulin dimiserunt et in suburbium ad locum pristinum sub tilia redierunt. Anno domini. M. CC. LX. VIII.

---

1. Dom Pitra place par erreur cet endroit près de la porte de Rouffach. L'Ufmulin était sur la route d'Ingersheim, au lieu qu'on appelle le clos du moulin Morel. Cfr. Chauffour, *Notice sur Colmar*, p. 53.

2. L'Obituaire des Dominicains n'a pas ces huit derniers mots.

3. Inchoatum est claustrum sororum in Columbaria. (*Annales Colmarienses minores*, M. G., XVII, p. 189.)

4. Comme on le voit, nos *Subliliennes* furent dès le commencement sous la direction des Frères Prêcheurs et de vraies *Dominicaines*, quoique suivant la règle dite de Saint-Augustin, comme du reste quelques autres ordres. Plus tard, il est vrai, mais pour un temps seulement (cfr. Regestes, nos 14 et 79), les Dominicains abandonnèrent leur direction, mais sans qu'elles cessassent d'être Dominicaines. Cfr. Danzas, *Étude sur les temps primitifs de l'ordre de Saint-Dominique*, IV, ch. 30. — C'est donc par erreur qu'on fait de nos religieuses des *Augustines*. (Récemment encore Clauss, dans son *Worterbuch des Elsass*, ordinairement fort exact.)

5. Translate sunt sorores ad Basilienses. (*Ann. Colm. min.* ibid.)

6. Obtinuerunt ordinem sorores de Columbaria. (*Ann. Colm. min.*, ibid.) — Sur l'établissement des monastères de Dominicaines en Allemagne et en Alsace, cfr. *De rebus alsaticis ineuntis seculi XIII*, ibid., p. 234 et la charte 14.

7. Domine de Sancto-Joanne-sub-tilia se in Columbariam transtulerunt. (*Ann. Colm. min.*, ibid.)

translate fuerunt de fratribus basiliensibus ad fratres vriburgenses[1]. Anno domini
M. CC. LX. IX.[2] dedicatus fuit chorus a venerabili domino alberto de ordine fratrum predicatorum episcopo ratisponense. Anno vero domini. M. CC. LXX. octavo
translate fuerunt de fratribus vriburgensibus[3] ad fratres columbarienses qui
eodem anno inceperunt domum construere in eadem civitate. Pro cuius domus
area dicto sorores dederunt centum marcas et nongenta quartalia bladi. Quo
dicti fratres pro usura danda fuerunt obligati. Insuper predicte sorores fideiusse-
runt pro quadragintis marcis se suaque pro fratribus obligantes. et dictam pecuniam infra quinquennium persolventes sed non dederunt.

Hec sunt nomina . . . . etc. . . . . . .

II. Regestes[4].

1. Acte par lequel Frédéric, abbé de Saint-Grégoire (Münster), cède et vend aux
sœurs de Saint-Jean le moulin dit Ufmulen.
1234 (sans jour). — (Archives dép. de Colmar. — BAC —, f. Unterlinden, **15**.)
(Publiée par D. PITRA, *op. cit.*)

2. H(enri), prévot de Saint-Martin, donne à Burchard en emphytéose une cour
à lui cédée par les sœurs de Ufmulin.
1240 du 25 au 31 mai. (BAC, Unterl., **14**, 5—10.)
Original. Latin.

H. prepositus Columbariensis et archidiaconus ultra Otonisbuhil universis presentem paginam inspecturis rei geste noticiam. Que fiunt in tempore labi solent
cum tempore nisi scripto vel testibus confirmentur. Sciant igitur tam presentes
quam posteri quod cum sorores de Ufmulin religionis habitum proponent assumere
et claustrum construere apud Capellam sancti Johannis quam ego eis dedi de
consensu venerabilis patris H. felicis memorie tunc episcopi basileensis et abbatis
sancti Gregorii fundatoris ejusdem in recompensationem dampni parochialis ecclesie que mea prepositura est michi h. tunc plebano nunc preposito. Duas libras
annuatim Basileensis monete se daturas promiserunt ita quod quominus infra

---

1. Friburgenses. (Obit. Dom.)
2. Ecclesia sororum de Sancto Joanno in Columbaria consecratur. (*Ann. Colm. min.*, ibid.,
p. 191.)
Dedicatum est monasterium sororum de Columbaria. (*Annales Basileenses*, M. G., XVII,
p. 193.)
3. Friburgensibus. (Ob. Dom.)
4. Aucune des bulles de papes et des lettres impériales citées n'a été publiée ni mentionnée
dans le Bullaire des Dominicains, Potthast, Jaffé, Boehmer, Élie Berger. Quant à la classification
des documents, celle que je cite est naturellement celle (provisoire encore) qui existait lorsque
j'ai fait ce travail (février 1896). Elle ne correspond pas absolument à celle qui est indiquée par
les savants auteurs du Cartulaire de Bâle.

muros civitatis dictam sumam pecunie in certo loco assignarent. essent penitus
absolute. De consilio igitur bonorum virorum se absolvere cupientes. Domum
suam iuxta rivum sitam. ante curiam Domini Burchardi militis filii domine Anne
que solvit. XL. solidos annuatim michi et meis successoribus assignarunt. Quam
curiam sive domum ego duobus viris videlicet Burchardo filio Salmene et Rodulfo.
hereditario iure concessi pro eodem censu pro quo eam a predictis suscepi ante
dominabus. Acta sunt hec anno domini M. CC. XL. infra octavam ascensionis. Presentibus J. scolastico. Waltero. Gerungo. Waltero. Rodulfo. Johanne canonicis.
Fratribus predicatoribus. R. suppriore. Herbrando¹ Basileensi. Hugone sculteto.
Domino Burchardo. Immone de lapide. Conrado theloneario. Conrado Crowel.
Johanne de Minrewilre. Wecelo in der Watgasein civibus columbariensibus et
multis aliis fide dignis. In cujus rei confirmationem presentem paginam sigilli
mei munimine roboravi.

3. Agnès prieure et le couvent vendent *hospitali Jerolosomitano in Columbaria*
un moulin sur la *tur*.
    S. d. (antérieur à 1252²) (BAC, Fonds de Malte, Command. de Colmar, 25).
    (Publiée dans Huot, *La Commanderie de Saint-Jean*, p. 23).

4. Renonciation par *Guntramnus miles dictus de Mutelinhcim*, fils de la
prieure Agnès, de 15 reseaux de seigle et d'orge.
    S. d. (1240?) (BAC, Unterl., 9.)
       Original. Latin.

Ego Guntrammus miles. Dictus de Mutelinheim notum fieri desidero tam presentibus quam futuris. Quod conventus sororum sancti Johannis in Ufmulin tenetur
michi et meis heredibus. XV. quartalia siliginis et totidem ordei quoniam dum
vixit Agnes mater mea priorissa dicti conventus. Mortua voro matre mea. Dicti
reditus ad prefatum conventum libere revertentur ita quod hec ego nec mei
heredes ius aliquod in posterum habebimus in eisdem. Columbaria presidente
judicio Conrado de Bebilinheim tunc vicario Johannis sculteti ibidem. Presentibus
pluribus tam militibus quam aliis civibus fide dignis. Videlicet hessone Curzin.
Burchardo filio Anne. Conradus de Nortgassen. Marcwardo et me Ruesteg. Conrado
sculteto de Keisirsbargh. Magistro. J. dicto Geizebert. Conrado Crewil. Immone de
lapide. Conrado dicto escl. Conrado theloneario. Friderico gallico. Conrado Weibil
et aliis quam pluribus fide dignis. Ut autem huic (*sic*) rei possit in posterum fides
cercior adhiberi. civitatis Columbariensis et domini Ottonis de Girsberc sigillis
procuravi presentem cedulam comuniri.

---

1. A cause de la maison [illegible], cette charte est mentionnée dans l'*Urkundenbuch der
Stadt Basel*, I, p. 167, n° 153.

2. D'après la conjecture de M. Huot (op. cit.). Mais, comme on le verra plus bas (pièce 15),
une bulle de pape de 1257 mentionne encore l'*Ufmulin*. Ces deux chartes (3 et 4), non datées,
pourraient donc n'être que de 1255, époque où nous trouvons encore la prieure Agnès (pièce 13).

5. Bulle d'Innocent IV incorporant le monastère de Saint-Jean-Baptiste à Colmar à l'ordre des Frères prêcheurs et à la province d'Allemagne[1].

Lyon, 1245, 4 septembre. (Ibid. **1**, 1.)

Original et *vidimus* de 1284. Latin.

6. Bulle du même pape conférant, sur leur demande, la direction des sœurs de Saint-Jean-Baptiste à Colmar au maître et prieur du même ordre en Allemagne; réservant aux religieuses l'élection de la prieure et le droit de recevoir en don des rentes et des biens.

Lyon, 1245, 5 septembre. (Ibid.)

Publiée en partie dans Bussière, *Fleurs dominicaines*, p. 285.

Original et *vidimus* de 1301. Latin.

7. Bulle du même pape, adressée à tous les fidèles des diocèses de Constance, Bâle et Strasbourg, accordant 40 jours d'indulgence à ceux qui contribueront à la construction du monastère de Saint-Jean-Baptiste à Colmar.

Lyon, 1245, 8 septembre. (Ibid.)

Original. Latin.

8. Bulle du même pape, détaillant et confirmant les droits et privilèges des religieuses de Saint-Jean à Colmar.

Lyon, 1245, 19 septembre. (Ibid.)

Publiée dans les *Curiosités d'Alsace*, I, p. 87, et dans Bussière, *op. cit.*, p. 282.

Original. Latin.

9. Donation par Stéphanie, veuve de Ortlieb *militis de Epiche* (Epfig) de tous les biens qu'elle possède à *Biscoviwilre*.

Colmar, 1249, s. j. (BAC, Unterl., **12**, 1—2.)

Original. Latin.

10. Indulgences de 40 jours accordées par le cardinal Hugues, légat, à ceux qui contribueront à la construction de l'église que les sœurs de Saint-Jean ont commencé d'édifier.

Strasbourg, 1251, 10 juin. (BAC, Unterl., **1**, 1.)

Original. Latin.

11. Lettres patentes de Berthold II de Ferrette, évêque de Bâle à la prieure et au couvent de Saint-Jean près Colmar, leur permettant de construire dans l'intérieur de la ville un nouveau monastère.

1251, 15 juin. (BAC, Unterl., **1**, 2.)

Original. Latin.

---

1. Cette bulle et la suivante sont en partie identiques à deux bulles de mêmes dates publiées dans le Bullaire des Dominicains, I, p. 150 et 151. Mais il y a des différences essentielles.

12. Hugues, cardinal-légat, confirme cette autorisation.
Mayence, 1252, 16 septembre. (BAC, Unterl., **1**, 5 suite.)
   Original. Latin.

13. Agnès, prieure, et le couvent des sœurs de Colmar *de ordine fratrum pre-dicatorum* vendent au monastère d'Olsberg des biens sis à Iglingen.
Bâle, 1255, 17 juin. (Archives d'Aarau.)
Publié dans l'*Urkundenbuch* der Stadt Basel, I, p. 207.
   Original. Latin.

14. Hugues, cardinal-légat, enjoint au provincial des Frères prêcheurs de reprendre le gouvernement spirituel et temporel des sœurs de Saint-Augustin.
Rome, 1257, 10 février. (BAC, Unterl., **1**, 5 *bis*.)
   Original. Latin.

15. Bulle d'Alexandre IV confirmant les privilèges des religieuses de Saint-Jean d'Ufmulin[1].
Latran, 1257, 27 février. (BAC, Unterl., **1**, 1.)
   Original. Latin.

16. Bulle du même pape, confirmant la permission de transférer le monastère dans l'intérieur de Colmar, à condition de payer à l'église paroissiale 40 sols de revenu annuel.
Latran, 1257, 13 mars. (Ibid.)
   Original. Latin.

17. Bulle du même pape, accordant 100 jours d'indulgence à ceux qui visiteront à certains jours désignés l'église des religieuses.
Anagni, 1258, 25 novembre (Ibid.).
   Original. Latin.

18. Bulle du même pape, autorisant lesdites religieuses à réclamer la propriété des biens, meubles et immeubles, qui, par droit d'héritage ou à tout autre titre légitime, leur eussent appartenu, si elles étaient restées dans le monde, *rebus feudalibus exceptis*.
Anagni, 1258, 7 décembre. (Mentionnée dans un ancien inventaire, cette bulle n'a pas été retrouvée. J'en possède, grâce à la bienveillance du R. P. Balme, O. P., une copie faite en 1841, d'après l'original alors existant aux BAC.)

19. Confirmation par Bertold, évêque de Bâle, d'une composition amiable faite entre le monastère de Saint-Jean et le chapitre de Saint-Martin au sujet du préjudice que la translation du dit monastère dans l'intérieur de la ville causait à ce dernier en diminuant le nombre des offrandes. En compensation, les sœurs aban-

---

1. Cette bulle est bien de la date indiquée, époque où cependant les Religieuses avaient quitté l'Ufmulin.

donnent au chapitre une vigne située à *Durnckeim,* héritage de la veuve de Eggehard de Herinkheim; et s'engagent de plus à ne donner, sans le consentement du chapitre, la sépulture à aucun paroissien de l'église de Colmar.

1258, 28 décembre. (BAC, Unterl., **1**, 5 suite.)
Original. Latin.

20. Donation par *Methildis,* veuve de Jean Elbelin de Bâle, de 28 schatz de vignes situées au ban de *Gebeliswibre.*

Bâle, 1259, 17 juillet. (Ibid., **12**, 1—2.)
Publiée dans l'*Urkundenbuch Basel*, I, p. 273.
Original. Latin.

21. Bulle d'Alexandre IV portant confirmation des privilèges et exemptions *a decimis* etc.

Latran, 1261, 23 mars. (Ibid., **I**, 1.)
Original. Latin.

22. Bulle du même, confirmant les exemptions précédentes et appliquant les revenus *ad infirmariam.*

Latran, 1261, 5 avril. (Ibid.)
Original. Latin.

23 et 24. Donation par Wernher *von Hadestat,* surnommé *d'Entringen,* et sa femme Elisabeth, de 2 ¹/₂ juchart de vignes sises à *Cuttental* près *Cacintali.*

Donation par la même Elisabeth de terres labourables sises à Colmar et de prés *an den zwein gowerichin.*

1264 s. j. (Ibid., **12**, 1—2.) — Le n° 24 a été publié dans le *Journal de Colmar,* 9 juillet 1896.
Originaux. (Allemand.)

25. Échange entre Hedwige, prieure, et le couvent avec Juliana *dicta de Sulce,* veuve d'Albert *de Epyaco.*

1265, 1ᵉʳ mai. (Ibid., **13**, 8—9.)
Original. Latin.

26. Acquisition d'une courtine située près du mur d'enceinte de Colmar pour 10 marcs d'argent et des biens sis près Wettolsheim. Vendeurs Henri *dictus thelonearius* et sa femme Mathilde.

1267. 9 avril. (Ibid., **8**, 1.)
Original. Latin.

27. Rudeger, de Sigolsheim, surnommé *biderbi* et sa femme Mathilde donnent différents biens sis à Sigolsheim, Konsheim, Mittelwilre.

1269, mai. (Ibid., **12**, 3—4.)
Original. Allemand.

28. Jean l'apothicaire et sa femme donnent une vigne située *in monte dicto Trubelberch*, moyennant une rente viagère et un anniversaire.

Bâle, 1269, 30 juin. (Ibid., **12**, 3—4.)

Publiée dans l'*Urkundenbuch Basel*, II, p. 14, n° 24.

Original. Latin.

29. La communauté de Winzenheim exempte les vignes du monastère du droit de wurtwein.

1270, 19 janvier. (Ibid., **13**, 1—7.)

Original. Latin.

Universitas ville de Wincenheim omnibus presentium lectoribus noticiam rei geste. Noverint universi quos nosse fuerit oportunum quod cum nos de vineis quas habent sorores de sancto Johanne in Columbaria in banno ville Wincenheim quandam vini quantitatem quod vulgariter denominatur wartwim custodiarum nomine requiremus annuatim. eedem sorores nobiscum convenerunt in hunc modum. quod de bonis suis sitis in Banno ejusdem ville in loco qui dicitur cewazcerfurhe[1] quatuor scados vinearum nobis contulerunt. cum omni iure quod in eisdem ipsis hactenus conpetebat ut omnis vinee quas in presentiarum in Banno ejusdem ville tenent et possident ab exactione hujusmodi vini quod custodiarum nomine annuatim a nobis extitit requisitum et a fructibus arborum imposterum libera sint penitus et exempta. Proviso nichilominus quod si nos aliquam talem exactionem in posterum bonis nostris que ipsi possidemus in vino vel in denariis imponere contigit ipse ad solutionem simile pro porcione que bona earum iuste et rationabiliter debet contingere teneantur. Ad observationem itaque premissorum nos tenore presentium obligantes presentes litteras pro futura memoria sigillo domini Ulrici pastoris ecclesie de Thurincheim duximus sigillandas. Huius rei testes sunt Cunradus de Bruggem. Gotfridus de Wincenheim. Cunradus Hegenlinc der obere. Johannes Gezzeli. Cunradus Hegenlinc der nidere. Cuno Hegenlic et omnis universitas ville predicte. Acta sunt hec anno domini. M. CC. LXX. dominica post octavam Epyphanie.

29 bis. Les Unterlinden reconnaissent posséder une maison *jure hereditario* du chapitre de Saint-Pierre à Bâle.

1270, 25 septembre. (Archives des Dominicains de Bâle, n° 86. (A.)

Publié dans l'*Urkundenbuch Basel*, II, p. 32, n° 53.

Original. Latin.

30. Aux susdits Jean et sa femme, Hedwige prieure et le couvent louent plusieurs maisons sises à Bâle.

1271, 3—8 février. (BAC, Unterl., **12**, 3—4.)

Publié dans l'ouvrage cité, II, p. 38, n° 65.

Original. Latin.

---

1. Lieu-dit non cité dans STOFFEL.

31 et 32. Le chapitre de Saint-Léonard de Bâle cède un jardin sis dans cette ville.

Colmar, 1273, 10 janvier, publié par Trouillat, II, p. 234.

Copie. Latin.

Bâle, 1273, 26 janvier. (BAC, Unterl., **11**, 17—18.)

Publié dans l'*Urkundenbuch Basel,* II, p. 54, n° 104.

Original. Latin.

33. Jean l'apothicaire et sa femme transmettent une créance de l'abbaye de Lucelle sur les Unterlinden.

Bâle, 1273, 22 décembre. (Ibid. **12**, 3—4.)

Pub. ibid., II, p. 68, n° 127.

Original. Latin.

34 et 35. Walther, chapelain du monastère, donne des vignes sises à *Minre-wilre, Amelreswibre, Cellenberg* et *Ellenwilre,* une première fois moyennant un anniversaire, la seconde, pour l'anniversaire et une rente viagère.

1274 s. j. et 1282, 21 septembre. (Ibid., **12**, 3—4.)

Originaux. Allemand.

36. Le roi Rodolphe donne exemption de tout service, fourniture d'argent, chevaux, voitures, etc.

Haguenau, 1274, 25 février. (Ibid., I, 3 suite.)

Original. Latin.

37 et 38. Hedwige et le couvent reconnaissent devoir une somme d'argent à Jean l'apothicaire et s'engagent à lui payer une rente viagère et à faire un anniversaire.

I et II. Colmar, 1275, 29 avril. (Ibid., **12**, 3—4.)

Publ. dans l'*Urkundenbuch Basel,* II, p. 92, n° 163.

Originaux. Latin.

39. Le bourguemestre et le conseil de Bâle attestent que les Unterlinden ont été mis en possession d'une maison à elles donnée par Jean l'Apothicaire et sa femme.

1275, 14 novembre. (Ibid., **12**, 3—4.)

Publ. ibid., II, p. 97, n° 174.

Original. Latin.

40. Convention au sujet d'une rente avec Wernher *der burchgraven von Sulzmatte.*

1275, 14 août. (Ibid., **13**, 8—9.)

Original. Allemand.

41. Le chevalier Nicolas de Titensheim promet une rente annuelle à l'occasion de l'entrée de sa fille au monastère.
1276, avril. (Ibid., **13**, 8—9.)
Publ. dans l'*Urkundenbuch Basel*, II, p. 107, n° 191.
Original. Latin.

42. Henri de *Hagendal* vend des biens situés *apud Vlachslanden*.
1276, 23 mai. (Ibid., **8**, 15.)
Publ. dans l'*Urkundenbuch Basel*, II, **p.** 110, n° 196.
Original. Latin.

43. Bulle du pape Jean XXI qui confirme leurs privilèges et exemptions.
Viterbe, 1276, 14 octobre. (Ibid., **1, 1.**)
Original. Latin.

44. Burchard fils de Guillaume de Pfaffenheim entre aux Dominicains de Bâle après avoir vendu ses biens aux Unterlinden qui devront les lui recéder si après sa probation il ne restait pas en religion.
1277, 7 avril. (Ibid., **12**, 2.)
Publ. dans l'*Urkundenbuch Basel*, II, **p.** 127.
Original. Latin.

45. Le provincial des Dominicains d'Allemagne, fr. Ulrich, ratifie la vente de Burchard de Pfaffenhcim.
Bâle, 1277, 10 avril. (Ibid., **8**, 15.)
Original. Latin.

46. Ulrich de Rappolstein et ses neveux renoncent à tous leurs droits sur le *Spielhof* d'Ammerschwir vendu aux Unterlinden par Conrad *Zesode*.
1277, 2 juillet. (Ibid., **8**, 2—5.)
Publié par ALBRECHT, *Urkundenbuch Rappolst.*, I, **p.** 112, n° 128.)
Original. Latin.

47. Vente à Dietrich dictus *Riche de Balgowe* d'un corps de biens situé *in bano Balgowe*.
Colmar, 1277, 24 août. (Ibid., **14**, 5—10.)
Original. Latin.

48. Dédicace du cimetière et de l'autel de Sainte-Marguerite.
1278, après le 5 janvier.
(*Annales Colmarienses majores*, M. G., XVII, p. 202.)

49. Convention au sujet d'une rente en vin avec Berthold de *Sungazzen* de Winzenheim.
1278, 2 février. (BAC, Unterlinden, **10**, 13.)
Original. Latin.

50. Les religieuses font entourer le monastère d'un mur de 20 pieds de haut et font faire des sièges d'église.

1278, après le 17 mars.

(*Annal. Colmar. major.*, p. 202.)

51. Elles font l'acquisition d'une horloge, pour six marcs.

1278, juillet. (Ibid., p. 203.)

52. Mathilde, veuve de Burchard, donne des biens sis *in ville et banno Schofhart.*

Benfeld(?), 1278, 24 septembre. (BAC, Unterlinden, **12,** 3—4.)

    Original. Latin.

53. Reçu de 4 marcs d'argent de Hedwige, veuve de Rudiger dit *de Widensol,* pour la Terre-Sainte.

    Colmar, 1278, 27 octobre. (Ibid., **12,** 1—2.)

Universis presentes litteras inspecturis soror. h. priorisse et conventus sororum apud Columbariam. salutem in Domino cum notitia subscriptorum. Omnibus ad quos presentes littere pervenerint notum esse cupimus quod fatemur ac presentibus protestamus nos recepisse quatuor marcas puri argenti publicis ponderis a domina Hedewigi relicta Rudegeri dicti de Widensol quondam civis in Brisacho cujus pie memorie filius suus Rudegerus dum testamentum suum conderet in extremis ordinavit transmitti ad partes transmarinas in subsidium terre sancte. Igitur exsecutionem iam dicte ordinationis in nos totaliter suscipimus ac bona fide promittimus memoratam pecuniam destinare ad succurendum terre sancte in proximo passagio generali quemadmodum complacuit voluntati ultime testatoris. In hujus rei certitudinem et testimonium presentes litteras sigillorum Reverendi patris nostri. H. prioris Domus columbariensis. ordinis fratrum predicatorum et nostrorum. videlicet priorisse et conventus munimine duximus roborandas. Actum et datum in Columbaria apud claustrum nostrum. Anno domini M. CC. LXX. VIII. in vigilia apostolorum Simonis et Iude.

54. Hedwige, prieure, et le couvent reconnaissent avoir reçu de Jean l'apothicaire et de sa femme la somme de 264 marcs d'argent pour une rente viagère et la fondation d'un anniversaire.

1279, 4 janvier. (Ibid., **12,** 3—4.)

Publ. dans l'*Urkundenbuch Basel,* II, p. 152, n° 269.

    Original. Latin.

55. Henri *de Suntheim dictus in der Gazzen* donne ses biens.

1279, 20 octobre. Renouvelé en 1283. (Ibid., **12,** 3—4.)

Citée ibid., II, **p.** 160, n° 285.

    Original. Latin.

56. Hedina *domicella Curthonisse* donne une vigne située à Ammerschwir *apud Holden.*

1279, 24 décembre. (Ibid., **12,** 1—2.)

Original. Latin.

57. Constitution d'une rente en faveur de Hedwige prieure et du couvent par dame Irinburge de *Thoroltsheim.*

Colmar, 1280, 16 mars. (Ibid., **9,** 1.)

Original. Latin.

58. Mort de la sœur Hedwige, prieure.

1281, 7 février.

(*Annales Colmar. major.,* p. 207.)

59. Mort du P. Rheinher, directeur du monastère pendant 43 ans.

1281, 18 février.

(Ibid., p. 207.)

60. Gertrude Bokein d'Ammerschwir donne une pièce de vigne.

1281, 23 mai. (BAC, Unterlinden, **12,** 1—2.)

Original. Latin.

61. Berthold dit Engelmann fait donation de ses biens.

Colmar, 1281, 27 novembre. (Ibid., **12,** 3—4.)

Original. Latin.

62. Dietrich de *Girsperc,* chevalier, sa femme Berthe de *Gebewilr* et Otton, leur fils, vendent différents biens sis à Colmar.

Walbach, 1281, 28 novembre. (Ibid., **12,** 1—2.)

Original. Latin.

63. Donation générale de tous ses biens faite par Matilde dite de *Egenshen, pro Dei reverentia.*

1281, s. j. (Ibid., ib.)

Original. Latin.

64. Acquisition de certains biens de l'abbaye de Marbach tenus par Walther de Woffenheim et son frère Rutlieb pour la rente annuelle de 156 rézeaux de seigle et d'orge; item de ceux dont la veuve de Reinbold Faber payait une rente de 1 rézal, et enfin d'une rente de 10 mesures de vin sur des vignes *an der Hart.* Aliénation approuvée par les évêques de Bâle et de Strasbourg et leurs chapitres.

1281, s. j. (Ibid., **8,** 1.).

Original. Latin.

65. Gertrude, prieure, et le couvent accordent l'usage de divers biens à Jean l'Apothicaire.

1282, 12 mars. (Ibid., **13**, 8—9.)

Publ. dans *Urkundenbuch Basel,* II, p. 216, n° 372.

Original. Latin.

66. Acquisition d'une vigne dans le ban d'Ammerschwir *prope vineam dominorum de Paris.*

1282, 21 avril. (Ibid., **8**, 2—5.)

Original. Latin.

67. Famine à Colmar. Les sœurs des Unterlinden réduites à ne manger du pain que deux fois par semaine. Elles nourissent cependant 1 600 pauvres.

1282, juillet.

(*Ann. Colm. maj.,* p. 209.)

68. Donation par Rodolphe, maître de la monnaie à Brisach, de biens sis à Kiensheim et Sigolsheim pour un anniversaire à célébrer aux Unterlinden, où il a deux filles.

1283, 21 janvier. (BAC, Unterlinden, **12**, 1—2.)

Original. Allemand.

69 et 70. (Agnès), dame de Trubelberg, donne différents biens pour plusieurs anniversaires.

Hedwige et Gertrude prieures.

S. d. (1283 et avant, comme on le voit par le numéro suivant.) (B A C, Unterlinden, **12**, 1 et 2.)

Originaux. Allemand.

71. L'official de Bâle confirme la donation d'*Agnès de Trunbelnberc.*

1283, 10 septembre. (Ibid., **12**, 3—4.)

Publ. dans l'*Urkundenbuch Basel,* II, p. 243, n° 421.

Original. Latin.

72. Lettres d'indulgences de 40 jours accordées par Thierry *episcopus Veronensis.*

Colmar, 1284, 11 novembre. (Bibliothèque de Colmar, collection Chauffour, n° 75.)

Original. Latin.

73. Sivirt *Kussephenning,* bourgeois de Colmar, fait abandon de ses droits sur une forêt sise *neben der Tumhren holz.*

1284, 7 décembre. (BAC, Unterlinden, **8**, 1.)

Original. Allemand.

74. Frère Hermann, commandeur de la maison de Saint-Jean de Colmar, vend une maison *lapideam* située près du monastère, pour 38 marcs d'argent.

1285, 29 septembre. (Ibid., **8, 1**.)

Original. Latin.

75. Les bourgeois de Colmar chargent d'une contribution de 60 marcs les Subtiliennes, contre leurs privilèges.

1286, avril.

Ann. Colm. maj., p. 212.

76. Réversales délivrées par la ville de Colmar, par laquelle promesse est faite aux Subtiliennes de respecter désormais leurs privilèges.

Colmar, 1286, 8 mai. (Ibid., **1, 2**.)

Original. Latin.

Universis presentium cognitoribus. Scultetus. Consules et universitas oppidi Columbariensis Basiliensis Diecesis noticiam subscriptorum. Cum olim ad placandam regiam maiestatem nobis offensam pariter et infestam oportuna suffragia quereremus, non solum in bona nostra manum misimus, verumeciam monasteriis et Ecclesiis, que in nostro territorio sive banno, fundos, domos, et predia possidebant necessitate compulsi Tallias imposuimus contra antiquam consuetudinem et privilegia eorundem, inter que Monasterium Sororum de curâ Frum Ord. Predicatorum, Sancti Joannis B. Sub Tilia ad summam sexaginta marcarum gravavimus, ab eisdem marcas totidem exigentes, nec detulimus privilegiis que memoratis sororibus sedes Apostolica noscitur concessisse. Verum ne quod conditio extorserat temporis impacati licentiam nobis vel nostris successoribus tribuat seu audatiam in posterum similia presumendi, dolentes, et de preterito veniam postulantes, cautionem littatoriam, cum impositione fidei date pro nobis nostrisque successoribus promittimus in futurum. Videlicet, quod in compensationem dictarum sexaginta marcarum memoratis sororibus pro quacumque causa exactionem, contributionem, Angarias, Perangarias, Tallias, vel quocunque alio modo honera gravia nunquam de cetero imponemus vel imponi procurabimus ullo modo. Placet enim nobis, quod Deo devote persone, regi celorum sub emunitate et libertate debitâ famulentur, quamvis nos Regis terreni obsequiis destinati variis expensis et laboribus implicemur. Quod si contra hanc nostram promissionem nos vel nostri posteri aliquid attemptarent, non solum dicti monasterii Priorisse et sororibus damus fiduciam et audatiam petita efficaciter denegandi, imo sepedictas sexaginta marcas facultatem omnimodam concedimus modisquibuslibet repetendi, nullis nobis contra repeticionem huiusmodi statutis, consuetudine, privilegio, vel quocunque ingenio, vel presidio valituris. In huius rei certitudinem presens instrumentum sigillo nostre communitatis ipsis dedimus communitum. Nos . . . . Priorissa et sorores monasterii sepedicti compositionem, compensationem, promissionem, obligationem, renuntiationem si tamen nobis illibata seruabitur atque firma ratas habebimus et omni actioni ac petitioni seu restitutioni que nobis super prefata summa sexaginta marcarum competerent, renunciamus simpliciter et in totum. In huius rei evidentiam pleniorem, sigilla nostra videlicet. . . . Priorisse et conventus duximus presentibus apponenda. Datum Columbarie Anno Domini M. CC. LXXX. VI octavo jdus Maii.

77 et 78. Henri, évêque de Trente, par commission du légat Jean de Tusculum, confirme les privilèges de l'ordre et spécialement de la maison des Unterlinden.
Würzbourg, 1287, 28 mai. (Ibid., **1**, 2.)
Même pièce, datée de Bâle, 17 avril 1288.
Originaux. Latin.

79. Le même vidime pour les Unterlinden et insère les lettres, adressées à tout l'ordre, du même légat qui réincorporent à l'ordre des Frères prêcheurs les monastères des sœurs d'Allemagne.
1287, 13 novembre. (Ibid., **1**, 5 suite.)
Original. Latin.

80. La veuve de Jean l'apothicaire renouvelle la donation de ses biens.
1287, 13 novembre. (Ibid., **12**, 3—4.)
Publ. dans l'*Urkundenbuch Basel,* II, p. 335, n° 597.
Original. Latin.

81. Le fils du roi Rodolphe, landgrave d'Alsace, duc de Bavière, loge avec cent chevaux dans la cour des Unterlinden.
Commencement de l'année 1288.
Annales Colm. major., p. 215.

82. Déclaration du chevalier *Burcart von Kageneke* portant renonciation aux biens des Unterlinden sis à Altendorf.
1288, 29 mai. (BAC, Unterlinden, **13**, 2—9.)
Original. Allemand.

83. Thierry de Suntheim, seigneur de *Winpin,* donne quittance de 32 marcs d'argent.
1288, 13 ou 15 juillet. (Ibid., **12**, 1—2.)
Original. Latin.

84. Lettres d'indulgence de 40 jours, accordées par divers évêques italiens, à ceux qui visiteront l'autel des onze mille vierges dans l'église des Unterlinden et contribueront à son entretien.
Rome, 1288, s. j. (Ibid., **1**, 2.)
Original. Latin.

85. Acquisition de tous les biens possédés par l'abbaye de Sainte-Claire à Strasbourg (G. . . . abbesse) dans les bans de *Wickerswilre* et *Rietwilre.*

1289, 28 juin. (Ibid., **8**, 12—14.)

Original. Allemand.

86. Construction *à grands frais* de la troisième partie du cloître.

1289, après le 25 novembre.

Annales Colm. major., p. 217.

87. Acquisition d'une vigne à Egisheim *in campo dicto Talacher.* Vendeur Fr. Gerung, prieur des Guillelmites de Fribourg.

1290, 22 février. (BAC, Unterlinden, **8**, 6—11.)

Original. Latin.

88. Les religieuses permettent à Ulrich le tanneur de bâtir contre le mur de la cour *der da heisset der von Gewilr hof,* qui leur appartient.

1290, 10 mai. (Ibid., **15**, 2—3.).

Original. Allemand.

89. Rodolphe, maître de la monnaie à Brisach, leur donne différents biens sis dans cette ville.

1290, s. j. (Ibid., **12**, 3—4.)

Original. Allemand.

90 et 92. Diverses donations de biens sis à Ammerschwir et Kiensheim par Berthe, veuve de Hesse de Kiensheim, 1° pour le revenu en être employé à la nourriture des religieuses pendant le carême; 2° pour un anniversaire.

1291, 24 septembre et 1292, 8 février. (Ibid., **12**, 1—2, 3—4.)

Originaux. Latin et allemand.

93. Division et règlement d'une rente par Anne, prieure des pénitentes de Bâle.

1291, 15 octobre. (Ibid., **11**, 17—18.)

Original. Latin.

94. Acquisition de vignes *in banno ville Richenwilr.*

1291, 9 novembre. (Ibid., **8**, 6—11.)

Original. Latin.

95. Henri le tonnelier de *Morswilre* et sa femme donnent, pour en jouir après leur mort, un champ de blé au même endroit.

1292, 16 février. (Ibid., **12**, 1—2.)

Original. Allemand.

96. Le chapitre de Colmar exempte les Subtiliennes de la dîme due sur 10 jucharts de biens.

1293, 7 mai. (Renouvelé en 1323.) (Ibid., **17**, 1—5.)
Original. Latin.

97. Acquisition de vignes à Kiensheim, de Henri *zu Rhine*, bourgeois de Brisach.

1293. *An dem ahtoden Tage sante Johanses ze Winahten.* (Ibid., **8**, 15.)
Original. Allemand.

98. Précepte par lequel Adolphe, roi des Romains, enjoint aux avoués provinciaux d'Alsace (*advocatis provincialibus per Alsatiam constitutis*) de protéger les Unterlinden et les garantir de toute charge, exaction. . . .

Neuchâtel, 1293, 28 décembre. (Ibid., **1**, 3.)
Original. Latin.

99. Renonciation par Rodolphe *von Sweinhein,* chanoine de Colmar, à ses droits sur le bien de *Cacewant* donné par son frère.

1294, 6 février. (Ibid., **12**, 1—2.)
Original. Allemand.

100. Lettre emphytéotique pour Walther Kunge de Roufach d'une cour située vis-à-vis des Barfüsser.

1294, 6 juillet. (Ibid., **10**, 14.)
Original. Allemand.

101. Acte de l'officialité de Bâle constatant les privilèges des Subtiliennes.
1295, 10 décembre. (Ibid., **1**, 2.)
Original. Latin.

102. Sœur Gerin Birerin de *Minrevilre* donne deux pièces de vignes pour l'amour de Dieu et le salut de son âme.
1296, 10 janvier. (Ibid., **12**, 3—4.)
Original. Allemand.

103. Jugement arbitral de l'official de Bâle confirmant la donation de Jean l'apothicaire, contre l'abbé cistercien de Salem.
Colmar, 1296, 14 janvier. (Ibid., **12**, 3—4.)
Original. Latin.

104. Testament de Mathilde, veuve de Jean l'apothicaire, bourgeois de Bâle, par lequel elle donne tout ce dont elle peut disposer de ses biens meubles et immeubles, se réservant toutefois la faculté de pouvoir modifier son testament tant qu'elle aura l'usage de la raison.
1296, 15 janvier. (Ibid., **12**, 3—4.)
Original. Latin.

105. Acquisition de vignes *zu Rumerstal* dans le ban de *Minrevilre*.
1296, 11 mars. (Ibid., **10**, 6—10.)
  Original. Allemand.

106. Donation par Adelaïde d'Ensisheim de différents biens et redevances qu'elle possède à Ammerschwir et Sigolsheim.
1296, 8 novembre. (Ibid., **12**, 3—4.)
  Original. Allemand.

107. Sabine *von Hus* donne, pour un anniversaire, différents biens et redevances à Ammerschwir, Sigolsheim, Colmar et Guémar.
Même jour. (Ibid., **12**, 1—2.)
  Original. Allemand.

108. Constitution de rente sur la maison de Jean Wirzeling, bourgeois de Colmar. Scellé par *Willehelmen von Nortgassen den Schulmeister von Kolmere*.
1296, 17 décembre. (Ibid., **9**, 1.)
  Original. Allemand.

109. Conrad Wernher, de Gundolsheim, vend divers biens sis à Ammerschwir, Sigolsheim, Kiensheim.
1297, 3 septembre. (Ibid., **8**, 12—14.)
  Original. Allemand.

110. Échange de biens sis à Holzwir contre des biens sis à Colmar avec l'hospice de cette ville. (Bruder Heinrich meister der Spital.) (Ibid., **13**, 8—9.)
  Original. Allemand.

111. Échange d'un juchart de terre situé *bi dem Stenen Cruce* contre un bien sur Herlisheim avec la ville de Colmar.
1299, 10 mars. (Ibid., ib.)
  Original. Allemand.

112. Acquisition de divers biens à *Doernekine* et à *Tieffental*.
1299, 24 mars. (Ibid., **8**, 15.)
  Original. Allemand.

113. Kune von Lobgassen vend divers biens sis à Rouffach.
1299, 2 avril. (Ibid., **8**, 6—11.)
  Original. Allemand.

114. Confirmation d'une vente de communaux, *bona ad nos titulo communis terre que almeinde dicitur pertinentia*, faite par la ville de Colmar. Moyennant la somme de cinq livres et dix sous deniers de Bâle les magistrats renoncent pour eux et leurs successeurs à tout droit sur les fonds mentionnés dans le présent acte.
Colmar, 1299, 28 juin. (Ibid., **8**, 1.)
  Original. Latin.

115. Acte d'inféodation par Pierre, prévot de Saint-Pierre de Colmar, de tous les biens sis en divers cantons du ban de cette ville, moyennant une rente annuelle.
Colmar, 1299, 13 octobre. (Ibid., **14,** 5—10.)
Original. Latin.

116. Donation par Richard, chevalier *von Epiche,* de 10 schatz de vignes sis sur les bans d'*Alswihr* et Pfaffenheim.
1299, 20 novembre. (Ibid., **12,** 3—4.)
Original. Allemand.

117. Lettres patentes du roi Albert portant confirmation des privilèges, exemptions d'impositions, tailles . . . etc. . . . .
Colmar, 1300, 27 mars. (Ibid., **1,** 3.)
Original. Latin.

118. Les frères mineurs de Sélestadt vendent aux Subtiliennes des vignes sises à Ammerschwir.
1300, 14 ou 16 juillet. (Ibid., **8,** 12—14.)
Original. Latin.

119. N . . ., suffragant de Bâle, donne quittance de XL florins d'or.
1300, 27 août. (Ibid., **1,** 5 bis.)
Original. Latin.

120. Renonciation en faveur des Unterlinden par frère Nicolas, prieur des Guillelmites de Fribourg, de divers biens donnés par Ulrich de Constance.
S. d. (treizième siècle). (Ibid., **12,** 1—2.)
Original. Allemand.

121. Irmin de Winzenheim et Gerin de Bebelnheim, *zwo arme swestere,* donnent deux pièces de vignes sises à Riquewihr pour la fondation d'un anniversaire.
S. d. (treizième siècle). (Ibid., **12,** 3—4.)
Original. Allemand.